GUIDE

INDISPENSABLE

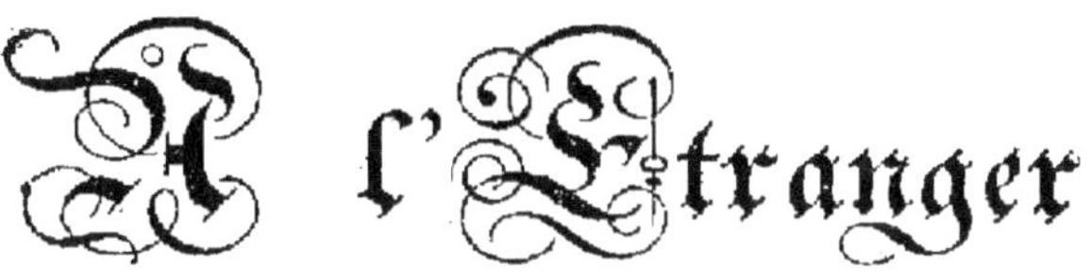

A l'Étranger

POUR VISITER AVEC FRUIT

L'ARSENAL

DE LA MARINE,

SUIVI D'UN VOYAGE

A HIÈRES

ET

Aux Salins.

A Toulon,

CHEZ BELLUE, LIBRAIRE-ÉDITEUR.

1828.

Imp. de Duplessis Ollivault.

PROMENADE

A

L'ARSENAL.

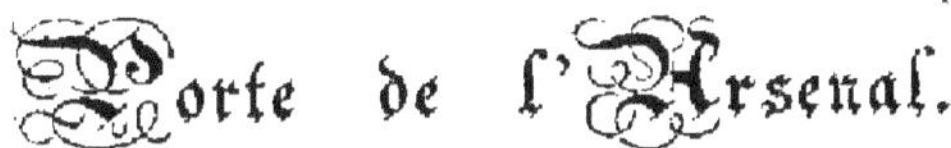

Munis de notre permission et accompagnés de l'inévitable gendarme qui nous sert de Cicéroné, nous allons pénétrer dans le vaste Arsenal de la Marine. Rien n'élève plus l'homme, rien ne peut lui inspirer un plus juste orgueil, que la vue du plus bel Arsenal maritime de la France. Là tout est ingénieux et grand dans les moyens. Nous empruntons à M. Millin membre de l'institut, la description qu'il a faite de la porte d'entrée. Il s'exprime en ces termes :

« La porte d'entrée de l'Arsenal maritime de Toulon a été exécutée en 1738 sur les dessins de M. Lange : elle est ornée de quatre colonnes doriques détachées, de bas-reliefs , de trophées de marine et de deux figures, l'une de Mars et l'autre de Minerve ; au milieu est un écusson avec des trophées et des cornes d'abondance d'où sortent des coquillages. A l'une des extrémités de l'attique on voit un génie qui tient un faisceau de palmes. Aux extrémités sont des instrumens relatifs aux sciences. L'ordonnance de cette porte est justement admirée, et convient parfaitement au lieu pour lequel elle a été faite.

Pendant que le chef du poste militaire chargé de la garde de cette entrée, nous arrête à la première grille, afin de s'assurer si notre permis d'entrée est valable, nous parcourons d'un œil scrutateur le vaste tableau qui se déroule subitement devant nous. La première impression qui frappe le voyageur ne peut se décrire. Il serait impossible de descendre à une analyse raisonnée, si l'on n'était point préparé d'avance à ce qui doit le plus intéresser.

Devant nous se présente un chemin très-bien pavé qui aboutit à un vaste édifice : c'est le Magasin Général. A droite, la longue façade de la Corderie ; à gauche, l'aspect imposant des Cales couvertes, les immenses chantiers sur lesquels s'élèvent progressivement les vaisseaux en construction, des maçonneries gigantesques, enfin la mer qui, ressérrée dans un grand bassin, présente une nappe d'eau rarement agitée, sur laquelle de superbes navires sont rangés en bordures.

Souvent le hazard réunit ici une foule de voyageurs qui viennent admirer les prodiges de l'industrie humaine. Si ce n'est pas un homme instruit qui se soit chargé de la tâche pénible de nous accompagner, suivons les groupes qui entrent dans l'arsenal avec la même intention que nous, on a toujours plus de temps et l'on voit mieux.

La corderie est ordinairement le

premier monument qu'on visite. Ce vaste bâtiment est composé d'un long corps de logis, avec pavillon à chaque extrémité. Une partie du premier pavillon était naguères destinée à des bureaux de la marine et renfermait en outre les effets du magasin général. La manufacture est une collection d'ateliers divers, réunis sous le même pavillon. Celui qui fixe le choix des Cicéronés comme le plus curieux, est l'atelier de la filature. On monte au premier étage, une grande porte s'ouvre et dans une vaste enceinte, on voit rangés en file, des deux côtés et sur plusieurs rangs, des forçats, vieillis par la souffrance, occupés devant un rouet à fabriquer le fil. Les deux côtés de l'enceinte sont séparés par deux énormes roues mises en mouvement par des forçats. Ceux que leur tour appelle à mettre en mouvement les roues mères, c'est-à-dire celles qui le communiquent à tous les rouets, se placent presque nus dans l'intérieur des grandes roues et là, les bras croisés, ils cadencent leurs pas rapides, afin de donner aux rouets une vélocité toujours égale.

Leur teint hâve et flétri, le sentiment de pitié qu'inspire leur infortune avilissante, attirent vers le tronc où l'on dépose les aumônes. Ce tronc est adossé à l'essieu de la roue ; on y lit ces paroles terribles : « *La roue que nous tournons, n'est pas celle de la fortune.* » (1)

On peut dire que l'infortune de ces malheureux est multiple ; en

---

(1) C'est dans cet atelier que le trop fameux Cognard est employé. (V. art Bagne.)

effet, outre la peine qu'ils expient, ils ont encore celle de l'âge et des infirmités physiques. Ces dernières sont-elles un mal pour eux? Ils leur doivent d'être employés dans un atelier désigné sous le nom de *petite fatigue* !

Le premier pavillon de la corderie renferme encore les divers ateliers où sont les tisserands, les buandiers, les relieurs, les tapissiers, les matelassiers et autres.

La corderie arrête un moment le voyageur : on reconnaît dans l'ensemble de l'édifice, la grandeu du siècle de Louis XIV et le génie de Vauban. La façade extérieure est régulière et symétrique dans la distribution des arches et des fenêtres. Celles-ci sont au nombre de soixante-six placées de champ ;

elles correspondent aux portes voû-
tées en plein ceintre.

L'intérieur de la corderie que
l'on mesure d'un regard en descendant de la filature , offre une
succession de voutes d'arrête, sou-
tenues par un double rang de piliers. Les piliers en pierre dure
supportent le massif de 198 nefs
disposées sur un rang de trois; la
longueur du local destiné à la con-
fection des cordages , était nécessaire, puisqu'il faut au moins 320
mètres de longueur, pour filer à
l'aise les torons des cables.

Le local de la corderie est divisé
en rez-de-chaussée et premier étage ,
avec un espace ménagé au-dessus.
Le rez-de-chaussée sert à l'alonge-
ment du filin : on y remarque l'in-
génieuse invention de M. Hubert,
par l'emploi de laquelle on se pro-

pose de donner aux fils dits de caret, une torsion égale, afin qu'ils exercent une même résistance.

Monté au premier étage de la corderie, on parcourt les ateliers dépendant de ceux qui sont au rez-de-chaussée, tels que ceux pour les peigneurs de chanvre et les fileurs. Une portion des mansardes renferme les ouvriers batteurs ; le reste sert de garde-meuble.

On a vu que la construction de l'édifice de la corderie remonte au siècle de Louis XIV, siècle des grands hommes, protecteur des lettres et des sciences ; il est bon d'observer que ce fut Paul Riquet, l'immortel créateur du canal du Languedoc, qui acheva la pensée de Vauban. On voit au premier étage une pierre sur laquelle on a gravé l'époque où ce monument fut commencé et celle où il reçut la dernière main.

En sortant de la corderie, on longe à sa gauche de grands hangards en bois où les pièces de construction nautique sont à l'abri des intempéries qui à la longue pourraient les détériorer. Parvenu à cette extrémité du port, on est peu éloigné de la salle d'armes; le conducteur montre une ruelle qui y conduit.

L'idée d'une salle d'arme élève l'imagination; on se dispose à contempler avec recueillement l'enceinte où les foudres d'un grand peuple demeurent emprisonnées, en attendant l'heure qui doit les remettre aux mains des soldats. La salle d'armes de Toulon ne répond pas à l'idée grandiose qui a érigé tous les autres édifices;

l'autorité maritime qui l'a senti, fait élever non loin de là un local digne d'une pareille destination.

Telle qu'elle est, la salle d'armes n'en est pas moins un monument curieux. Visitons-en tous les détails. Le gardien qui d'ordinaire remplit l'office de Cicéroné du port, va d'abord soumettre au commandant de l'artillerie la permission octroyée par le major de la marine; après qu'elle a été reconnue valable, ce gardien gravit un escalier dégradé, on le suit, on est introduit dans un local un peu obscur, formé en parallélogramme dont les côtés et le centre sont disposés en compartimens, où les armes sont arrangées avec art, et avec une méthode qui permet à l'observateur d'étudier en un moment l'histoire des progrès de l'artillerie. On y voit classés avec choix, la lance et le bouclier des preux , la redoutable couleuvrine , l'espingole , les fusils de divers calibres ; mais laissons parler le gardien de la salle et ne lui ravissons point le beau côté de son métier.

« Cette salle , dit-il, peut con-
» tenir vingt mille fusils. On a
» réuni dans un même local , les
» armes des différents âges, afin
» d'en créer une sorte de musée
» militaire; voyez-vous de distance
» en distance ces chevaliers ar-
» més de pied en cap avec la
» lance prête à entrer en arrêt;
» c'est le costume des Paladins ;
» ceux-ci ont appartenu à des
» guerriers morts en Provence au
» retour de la Terre Sainte. Les

» fusils et sabres qui tapissent les
» murs sont tous en bon état et sus-
» ceptibles d'une destination. Un
» bâtiment armé en guerre renfer-
» me , outre sa grosse artillerie ,
» des sabres d'abordage, des pisto-
» lets d'un fort calibre, des fusils ,
» des haches , des piques dont on
» peut au besoin fournir un équi-
» page qui vole à une défense in-
» dividuelle. Toutes ces armes sont
» prises dans le parc que vous vi-
» sitez. Nous voici parvenus à l'ex-
» trémité de la salle. Vos regards
» vont parcourir l'ensemble des tro-
» phées guerriers élevés à la gloire
» des armes. Voilà Bellone au mi-
» lieu de faisceaux nombreux dont
» l'art a varié la forme ; ici ce sont
» des baïonnettes qui réunies à
» un centre commun et s'élevant en
» tige représentent l'arbre yucca ; là

» on a rapproché les temps en con-
» fondant ensemble la canardière ,
» l'espingole , la couleuvrine et au-
» tres inventions meurtrières. On
» a placé à droite et à gauche de
» Bellone deux mannequins revêtus
» de l'armure des preux et munis
» du bouclier. Celui du premier
» offre en relief un sujet qu'on n'a
» point expliqué ; on dit qu'il a
» appartenu à Godefroy de Bouil-
» lon : c'est une opinion reçue mais
» contestable, puisque les connais-
» seurs disent que cet ouvrage
» impossible à exécuter au temps
» des croisades , rappelle au con-
» traire l'état de la sculpture sous
» le règne d'Henry IV. Le second
» bouclier qui date des mêmes
» temps et que les amis du mer-
» veilleux confèrent à Baudouin ,
» représente le sujet mythologique

» de Persée et Andromède. Les bou-
» cliers réellement contemporains
» des preux de la terre sainte sont
» ceux que vous voyez dans les
» bras des mannequins revêtus de
» l'armure ; ils sont en bois, d'un
» mauvais goût, avec une bordure
» dorée sans autre ornement. En
» longeant l'autre côté de la salle
» d'arme vous observerez la répé-
» tition de ce que vous avez
» déjà vu. Avant de quitter l'en-
» ceinte, arrêtez-vous devant un
» dernier trophée d'artillerie formé
» par un groupe pittoresque com-
» posé des armes différentes que
» nous avons déjà examinées.

En sortant de la salle d'armes
on passe devant l'atelier des armu-
riers, on peut en admirer l'ordre
et l'activité, comme dans celui de
la menuiserie qui y fait suite.

Pénétrons maintenant dans une petite ruelle située derrière le magasin général où nous entrerons plus tard. Voici la tonnellerie dont l'aspect n'inspire d'autres idées hors celles qui naissent ordinairement à la vue de grandes masses réunies. A droite est la porte de la prison de l'arsenal, dite de Gervais; on ne la visite guères qu'avec l'esprit philantropique d'Appert; l'on échappe en s'en écartant, aux pénibles sentimens que doit exciter le spectacle de l'infortune, expiant dans des caveaux humides, une détention rigoureuse prononcée par les lois de la marine. Il faut espérer que cette prison sera transférée ailleurs; on s'en est peu occupé jusqu'à ce jour, parce que le licu ne sert qu'à une détention momentanée, et que le malheureux atteint d'une infirmité est immédiatement visité par un médecin et envoyé à l'hôpital de la marine. La prison n'offrant aucun intérêt au voyageur , l'autorité locale en interdit l'entrée.

Après la prison de Gervais, on laisse à droite l'atelier des taillandiers et l'on se trouve sur un pont en bois jetté sur le bassin qui fait communiquer le port avec la boulangerie ; ici on voit la mer resserrée sous une arche mobile, qui se redresse pour donner passage aux canots ; à côté de cette arche, sont encore des forges ; c'est là que travaillent les balanciers, les faiseurs de crics et autres ouvriers occupés à de petits ouvrages nécessaires à un armement naval.

Au-delà du pont de la boulangerie, l'œil du voyageur s'arrête sur deux objets remarquables ; le premier est l'aspect de la darse avec ses vaisseaux sans agrès qui semblent, dans une sorte de sommeil, attendre le moment qui doit les élancer de nouveau sur les flots écumeux. Cette nappe d'eau est souvent sillonnée par des canots qui la traversent en tout sens, ou par des navires de premier ordre, voguant vers la rade avec tout ce qui constitue une citadelle flottante. Le second objet est le parc d'artillerie. Le gardien est toujours un ancien militaire propre à donner les renseignemens qu'on lui demande sur les pièces à boulets et bombes de différens calibres.

Le corps de logis attenant au parc, éprouve en ce moment les bienfaits d'un immense réparation.

C'est ici que bientôt on ira admirer la salle d'armes , monument
qui sera digne du port , si son
exécution répond au plan. Il ren-
fermera en outre les bureaux de
la direction d'artillerie.

Le nombre de bouches à feu
rassemblées dans le parc, est loin
de composer tout le matériel du
port.

En sortant du parc , poursui-
vons la rive qui encadre le bassin du port royal. On marche
quelque temps entre des magasins
particuliers où sont déposés les
objets de désarmement des navires, tels que frégates , brigs , cor-
vettes qui attendent ou des ré-
parations ou des ordres pour être
mis en activité. Après ceux-ci on
s'arrête pour contempler les superbes vaisseaux qui présentent ou

leurs poupes majestueuses ou le symbolique image de leurs noms , suivant l'époque de leur construction. Il est rare qu'un voyageur ne demande point à parcourir l'intérieur d'une de ces constructions gigantesques , qui honorent à la fois le génie de l'homme et la civilisation moderne. Leurs noms eux-mêmes sont encore vivants de gloire ; ils rappellent ou le souvenir de ces victoires qui imprimèrent le sceau de la grandeur Française, sur toutes les capitales du monde Européen ; ou les noms de quelques héros , honneur de la patrie ; noms qui peuvent devenir encore la terreur des ennemis.

Le vaisseau dit le Royal-Louis est communément celui que les guides proposent à la curiosité publique. Deux motifs assurent cette préférence : 1.º c'est un vaisseau à trois ponts, par conséquent le plus formidable de ceux que l'on voit; 2.º il brille encore d'un reste mutilé des décorations par lesquelles on avait embelli le sejour qu'une princesse royale devait y faire.

Celui qui n'a jamais vu les constructions navales des ports, doit être saisi d'une admiration religieuse, lorsque mettant le pied sur le pont du vaisseau le Royal-Louis, il embrasse d'un seul regard cette vaste machine, qu'un jour dans les immenses solitudes de la Méditerranée, l'homme guidera sans effroi, sans crainte du péril. Un gardien, vieux invalide de la marine, accueille le voyageur et le conduit dans les profondeurs du navire. Comme le Royal-Louis se trouve dans un état complet de désarmement , on ne peut y admirer ces inventions diverses destinées à en assurer la marche et la solidité , ou à le prémunir contre les besoins nombreux d'un équipage de quinze cents hommes. On parcourt donc seulement trois longues batteries et l'on est bien aise de l'entendre fixer l'emplacement de chaquè chose au point que lorsqu'on va en rade visiter un vaisseau armé , on s'attend d'avance à ce qui doit frapper l'attention.

Ou termine la revue du vaisseau par celle du logement des chefs. La chambre de l'amiral n'est que l'ombre de ce qu'elle est quand le bâtiment est appelé à prendre rang dans l'armée navale. Ces riches tapisseries damassées , ces baguettes d'or , ces lintaux sculptés qui donnent maintenant l'idée de la dévastation, sont alors rehaussés par des meubles superbes, des glaces, des tableaux, des instru- mens nautiques du plus beau poli. Après avoir traversé l'antichambre, la salle du conseil, la chambre à coucher de l'amiral, on promène un moment dans la galerie dont le parquet revêtu d'un tapis figuré en carreaux de marbre, rappelle l'idée du luxe des grandes cités.

En quittant le Royal-Louis on longe à sa droite des magasins de la marine et à sa gauche, le quai; on passe devant une frégate hors de service destinée sous le nom de *Cayenne* à recevoir les marins qui attendent de l'acti- vité, et l'on parvient à l'entrée extérieure de l'arsenal. La petite rade se déploie à droite, il faut traverser l'étroit canal qui interrompt en cet endroit la coupe circulaire du port royal. Un radeau nous conduit à la rive opposée et dès ce moment nous sommes dans l'enceinte occupée par le logement des forçats. C'est ce qu'on nomme communément bagne.

BAGNES.

Ce lieu est spécialement consacré à la détention des forçats. Ici le manque de localité a nécessité l'emploi de vieux vaisseaux auxquels on a donné le nom de bagnes flottans.

L'ordre, la propreté, la justice réunis, tel est le problème que la philantropie impose à l'administration qui veille dans l'asile du malheur. Le port de Toulon mérite d'être cité comme ayant rempli cette mission d'humanité.

En 1682 les villes de Marseille et de Toulon furent désignées pour la station des galères du Roi, sur lesquelles on employait, sous le nom d'esclaves , les criminels de la France , et les prisonniers barbaresques. Là figuraient confondus le *sorcier*, *le magicien*, le blasphémateur , le faussaire, le banqueroutier, l'assassin, suivant la législation de la province qui avait rendu l'arrêt. L'uniformité des lois dont nous jouissons y conduit les coupables de crimes bien définis; on regrette seulement que l'erreur politique y paraisse à côté du criminel consommé.

Vers la fin du siècle dernier , la marine ayant fait des progrès qui rendirent inutile l'emploi des galères, les condamnés furent répartis dans les arsenaux, et les prisonniers , éloignés d'un séjour que la barbarie seule permettait de leur conserver. Le nom de galérien fut remplacé par celui de forçat, et

le bagne prit dès-lors une destination spéciale.

Néanmoins, sous le gouvernement impérial, cinq cents prisonniers Prussiens du corps comman-
dé par le fameux Shiller, parta-
gèrent encore les fers de l'infamie.
Ce ne fut qu'au traité du 3 mai
1814 qu'ils durent le bienfait qui
brisa leurs injustes chaînes.

Long-temps après l'institution du
code pénal de 1791, on n'avait
employé aux travaux du port que
les forçats à terme, c'est-à-dire
détenus pour 15 ans et moins.
Ce n'était pas le vœu du législateur ; mais les difficultés d'appli-
quer avec utilité une masse d'hommes, contre qui une défiance rigoureuse était un devoir, furent
sans doute le motif de cette mesure.

Une mortalité effrayante devint la suite de cette distinction qui plaçait une foule d'hommes dans l'étroite limite de quelques mètres de terrain, où ils étaient forcés de végéter comme la plante.

M. de Larenty, que les fastes de la marine regretteront long-temps, conçut la haute idée de faire servir les facultés morales et physiques des forçats à la prospérité de nos arsenaux, et à leur propre avantage. Faire le bien, était la maxime de prédilection de cet Intendant; les forçats ouvriers devinrent comme les moniteurs de ce genre d'enseignement. On excita l'émulation des jeunes condamnés, en les admettant dans les ateliers ; le travail consola leur infortune, en leur donnant l'espérance d'un meilleur ave-

nir ; enfin cette idée philantropique poursuivie avec ardeur, opéra
dans le bagne une véritable révolution.

Le travail des condamnés attira
la sollicitude générale sur les in-
fortunes de ceux d'entre eux qui
se distinguèrent par quelques actes
de vertu ; on sentit que pour en
multiplier le nombre il fallait former des divisions basées sur les
différences de criminalité. (1) Les
forçats à vie, ceux à 20 ans et

---

(1) Une biographie bien exacte des forçats
qui peuplent les bagnes, pourrait effrayer
la conscience de bien de gens qui s'en
doutent peu, selon l'expression de M.
Daguesseau lorsqu'il disait : « qu'on me donne dix lignes de la vie privée d'un homme
fait et je promets trouver matière à le faire
pendre » ; d'après de pareilles assertions
les bagnes seraient beaucoup plus peuplés.
(Note de l'Éditeur.)

au dessus, furent accouplés et logés séparément de ceux qui attendent un terme plus rapproché à leurs peines. Les vieillards, les incurables furent employés à des travaux légers et sédentaires ; les jeunes furent mis en apprentissage, et c'est ainsi qu'on parvint à concilier le vœu de la loi, avec celui de la morale et de l'humanité.

M. Reynaud, Commissaire des bagnes a reconnu d'après un examen comparatif des condamnations, que la majeure partie est due à l'ignorance et à l'absence d'un métier ; c'est donc rendre un service réel à la société que de donner un métier aux forçats qui doivent y rentrer. On a plus fait, une masse de réserve, nommée *Pécule*, a été formée du tiers de ce que chaque forçat obtient du salaire de ses travaux ; et cette somme , répartie à ceux qui y ont droit lors de leur libération , les met à l'abri du besoin jusqu'à ce qu'ils trouvent à s'employer utilement , à l'aide du métier qu'ils ont appris. La société recueille déjà les fruits de cette heureuse prévoyance ; sur 2283 forçats , amenés au bagne de Toulon depuis 1823 , huit seulement des hommes qui avaient appris un métier, sont revenus sous un nouvel arrêt.

La police des chiourmes ne s'en exerce pas avec moins de sévérité et surtout d'équité. Les forçats sont instruits chaque semaine des devoirs qu'ils ont à remplir , et des peines irrémissibles qui les attendent, s'ils s'en écartent. Une lecture hebdomadaire du réglement qui demeure en outre affiché dans

chaque localité , suffit à cet effet ;
et l'on voit plusieurs condamnés
atteindre leur délivrance sans avoir
été l'objet d'une seule punition.

Ces notions préliminaires sont
essentielles au voyageur qui veut
se rendre raison d'une administration devenue simple et facile,
malgré les nombreux obstacles qui
y semblent inhérens.

Les forçats arrivent dans les ports
soit en grandes chaînes, soit en
chaînes partielles appelées du mot
technique chaînes volantes. Autrefois les hommes étaient immédiatement accouplés sans examen à
leur arrivée ; maintenant une hy-
giène raisonnée et les règles dont
nous avons parlé plus haut, pré-
sident à l'installation des condamnés.
A leur arrivée ils sont conduits
sous une vaste tente : là on leur

coupe les cheveux , on les lave
à l'eau tiède ; après leur avoir fait
quitter les vêtemens qu'ils appor-
tent et qui sont brûlés , ils reçoivent la chaîne et l'uniforme du
bagne ; on les conduit dans une
localité spéciale où ils demeurent
trois jours avec des vivres dits d'ar-
rivans , composée de viande , de vin
et de pain. Pendant ce temps leurs
signalemens sont pris et le quatriè-
me jour ils sont passés en revue
par le commissaire , accouplés suivant leur criminalité , et destinés
à divers ateliers. Le lendemain le
forçat de la veille n'est distingué
du forçat vétéran que par l'accou-
trement neuf dont il est affublé.
Cet habillement se compose d'une
casaque de moui rouge, dont la
durée est fixée à 18 mois ; de deux
pantalons et deux chemises de toile

grossière , un bonnet rouge en laine tricotée, qui doivent durer un an , et d'une couverture pour trois ans. Afin d'adoucir leur position , M. Reynaud leur fait encore distribuer un gilet confectionné avec les couvertures hors de service.

Les condamnés couchent sur un lit-de-camp, dans les salles ; sur les planchers, dans les bagnes flottans ; mais lorsqu'ils méritent de la bienveillance par leur bonne conduite , on leur permet l'usage d'un petit matelas d'étoupe , connu dans les chiourmes., sous le nom de *strapentin*. Les fers dont ils sont chargés, pèsent sept kilogrammes deux cents grammes pour la couple. Lorsque par une bonne conduite ils méritent que l'autorité en allége le poids, on ne leur laisse à la jambe que la *manille* (anneau) du poids de trois demi-kilogrammes : on les désigne alors sous le nom de *déferrés*. Il y a un autre genre de manille dite *d'incurable*, réservée aux vieillards et aux infirmes.

Un plus grand allégement de peines, peut encore devenir le prix d'une conduite irréprochable. Il est rare qu'un forçat dont le repentir est vrai, n'attire pas l'attention des surveillans commis à sa garde ; alors les postes avantageux auxquels ils sont appelés sont :

Payol (écrivain des salles ou localités).

Fricotier (marchand).

Fourgonier (cuisinier des salles).

Garde-biton (allumeur des salles).

Chaloupier (ferreur et déferreur).

Barberot (perruquier).

Blanchisseur du linge des forçats.

Servants des Hôpitaux (infirmiers des salles).

Canotiers , etc.

Ceux des condamnés à vie , ou à long terme employés dans les ateliers sont chargés d'une chaîne de six maillons. Aucun forçat ne demeure oisif aux heures de travail, tous concourent aux divers besoins du service journalier du port ; excepté le dimanche qui est entièrement consacré au repos. Cependant ce jour-là est encore rempli par les exercices de propreté générale , par la lecture des réglemens et par les offices de la religion. Celle-ci offre aux malheureux le baume de l'espérance et de la consolation ; mais là plus qu'ailleurs l'ecclésiastique doit joindre à une douce charité , à une vertu sévère , la connaissance approfondie du cœur humain, pour ne pas devenir la dupe de l'hypocrisie ; et de l'érudition pour convertir quelques jeunes gens instruits que des passions trop vives ont égaré et plongé dans l'opprobre.

Les soins hygiéniques y sont tels que le nombre des malades n'y excède guère le trentième du nombre des condamnés ; et la mortalité ne s'y offre annuellement que dans le rapport moyen d'un sur trente malades.

En parcourant l'intérieur des localités habitées par les forçats , on est frappé du luxe de propreté qu'on y remarque , et cette propreté est la même pour les individus. Ils sont rasés une fois par semaine, et changent de linge tous les dimanches ; on exige qu'ils se lavent souvent dans la belle saison, et on les fait baigner dans l'eau de mer une fois par mois.

La ration du forçat est par jour de 30 onces de pain, bluté à un douzième de fin ; 48 centilitres de vin, et une soupe composée de 4 onces de fèves assaisonnée d'huile.

Indépendamment de cette ration le condamné peut se procurer chez le fricotier établi dans chaque localité, et moyennant cinq centimes, un litre de bouillon gras avec des légumes verts, et s'il peut exhiber dix centimes, il reçoit une portion de grosse viande.

Les viandes employées par les fricotiers sont soumises à l'examen d'une commission composée d'un médecin de la marine, d'un administrateur et d'un adjudant. Si le fricotier est en défaut, il est mis à la chaîne et perd son emploi, objet d'une persévérante ambition. Les prix des ragoûts qu'il prépare sont fixés par l'autorité et affichés dans chaque localité pour prévenir la fraude et l'arbitraire.

Les condamnés à vie sont ceux qui déploient le plus d'aptitude pour les travaux manuels. Une philosophie naturelle à leur position, dès qu'ils ont reconnu l'impossibilité d'y échapper, les engage à poursuivre un mieux être qu'ils ne peuvent trouver que dans le prix de leur travail, faible pécule qui leur permet d'acheter du tabac, un verre de vin, but unique de leurs désirs.

On se figure aisément la joie du condamné arrivé au terme de sa libération ; celle du forçat devenu ouvrier semble épurée par les sentimens d'une reconnaissance toute expansive. « J'en ai vu plu- » sieurs, me disait M. Reynaud, » partir proprement vêtus, et me » dire avec une expression tou- » chante : le bagne m'a rendu » honnête homme, j'ai appris un » métier, j'ai de quoi pourvoir » plusieurs mois à mes premiers » besoins, je ne demande plus » que du travail. Je ne veux plus » retomber dans le malheur » (expression qui signifie ne plus commettre de crime).

La preuve de cette amélioration pour le port de Toulon, c'est que le nombre de condamnés en récidive, vulgairement nommés chevaux de retour , a singulièrement et progressivement diminué depuis 1823. Il n'est que trop vrai que l'oisiveté, le désœuvrement sont la cause première qui peuple nos bagnes et nos prisons. Donnez une industrie aux misérables que le glaive des lois a frappé , bientôt il prendra des habitudes honnêtes et la société n'aura plus rien à redouter de lui.

Au physique comme au moral la nature produit rarement des monstres , néanmoins il est dans les bagnes de ces caractères indomptables que rien ne peut fléchir , qui s'irritent du bien comme du mal , qui traitent la justice de violation du droit , et la bonté de faiblesse; mais ils sont peu répandus, et respirent parmi les condamnés à vie , séquestrés des autres , l'objet d'une surveillance de tous les momens , et d'une rigoureuse sévérité.

Tels sont les documens certains qu'on peut donner sur les bagnes de Toulon. Ils diffèrent de ceux offerts par quelques écrivains qui tous ont manqué de renseignemens positifs , et jusqu'à ce jour ont présenté les rêves de leur imagination pour la réalité. Nous devons ceux-ci à la bienveillance du premier administrateur de l'établissement , et nous avons reconnu toutes les améliorations que ses veilles philanthropiques y ont apportées.

Malgré les soins de l'administration , l'influence d'une dégradation morale se montre sur le visage de presque tous les condamnés ; l'air chagrin , l'œil abattu et fixé vers la terre , le regard oblique ou timide, sont le caractère général de la physionomie des forçats. Chez quelques-uns la figure porte l'empreinte de passions vieillies et sans force. (1)

N'est-ce pas là Coignard, le prétendu comte de Ste Hélène. Coignard, forçat évadé du port de Toulon où il était détenu sous le numéro 3,469, est connu sous le nom de Pierre de Pontis, Comte de Ste Hélène. Il nie être Coignard, se dit né à Soissons en 1774 et prétend que son père,

---

(1) L'article des condamnés, contenant la vie de quelques-uns, a été communiqué à l'éditeur par l'obligeant commissaire du bagne, qui a une collection de manuscrits avec portraits pour faire dix volumes in-8°; si jamais l'auteur se décide à faire imprimer cet ouvrage curieux, je lui promets un succès assuré.

officier de marine, ayant dissipé sa fortune se retira à la nouvelle Orléans ; que la révolution française venait d'éclater lorsque dans l'intention d'offrir ses services au Roi, il quitta sa retraite et cingla vers la France ; qu'arrivé à Madrid, il y apprit le sort des Bourbons, et reconnaissant alors l'inutilité de son dévouement, il demeura en Espagne après avoir obtenu pour son fils une sous-lieutenance dans les armées de cette nation.

Le régiment de ce jeune homme étant à Buenos-Ayres, celui-ci s'embarqua pour cette ville où quelque temps après son arrivée M. de Linières l'attacha à son état-major en qualité de chef d'escadron. En 1805, étant monté le premier à l'assaut de Monte-Video, occupé par les Anglais, il fut nommé lieutenant-colonel. Lors de la conspiration de Savaedro , il s'attacha à la fortune du général Linières , qui, vaincu par les factieux , rentra en Espagne. Pontis se présenta à la junte constitutionnelle établie à Cadix sous les auspices de Ferdinand , il obtint l'autorisation de former une légion étrangère qui devait faire partie de la division du Comte de l'Abisbal , et tenta sans succès d'introduire cette légion dans Barcelone. Ne pouvant réussir de ce côté il vint à Tarragonne avec son régiment. Un jour qu'il se promenait sur les glacis du fort, il aperçoit un détachement de prisonniers français , il apprend que dans le nombre était Georges Bessières , (dernièrement fusillé en Espagne) ; Pontis le fait délivrer , se rend sa caution et l'élève peu après au grade de capitaine. Bessières se lia d'amitié avec un autre officier français, nommé Gineste, au service de l'Espagne. Ces deux créatures de Pontis vendirent des fusils de leur régiment ; Pontis le leur reprocha en les menaçant de les dénoncer. Alors ces deux officiers se liguèrent contre lui pour le perdre. Le général Weinpfen qui les écouta, manda le colonel à Mont-Sarrat pour le destituer. Furieux de cette ingratitude, Pontis tire son sabre contre la garde, et s'échappe de la citadelle ; mais il est ramené par une compagnie du régiment de Bourbon qu'il rencontre sur sa route. Mis en prison il s'évade deux fois, est repris et transféré à Palma où étaient les prisonniers Français. Sorti miraculeusement de ce tombeau, en s'emparant d'un brig mouillé dans la baie, il fait voile pour Alger, avec ses amis d'infortune. Là ils vendent le navire et partent pour Malaga, ville occupée par les Français ; nommé chef d'escadron dans l'état-major du Duc de Dalmatie , il suit l'armée dans sa retraite sur l'Ebre , et rentre avec elle en France.

Là on le fit chef de bataillon du 100.ᵉ régiment de ligne. Le colonel et le major de ce régiment étant absens , Pontis reçut l'ordre de se porter à Toulouse avec une colonne volante, pour défendre le passage aux Anglo-Espagnols. Il y prit une batterie importante et sa valeur y fut proclamée , mais le sort des armes n'en rehaussa point les lauriers.

Peu de temps après il fut licen-

cié avec injonction de se rendre à
Bedfort où le 100.ᵉ régiment devait
être organisé. Il y reprit son grade,
et le retour de Napoléon le con-
duisit aux plaines de Waterloo ;
blessé à la 3.ᵉ journée il revint
à Cambray se joindre aux officiers
restés fidèles à la cause royale,
et rentra à Paris avec le Roi. Le
Duc de Berry le reçut alors Chevalier de S.ᵗ Louis et le nomma
chef de Bataillon dans la légion
de la Seine dont il devint lieutenant-colonel six mois après.

A cette époque, un forçat li-
béré qui vit Pontis dans une revue , crut reconnaître en lui Coignard, son ancien compagnon de
chaîne ; il s'en approche , lui ra-
conte des traits de vieille intimité,
Pontis le repousse en niant la con-
formité que l'autre prétendait trou-

ver. Celui-ci piqué du mépris du lieutenant-colonel , court le dénoncer à la police comme ayant usurpé un nom et des titres qui ne lui appartiennent point. Le général Despinois mande Pontis et le salue du nom de gibier de potence. Pontis met l'épée à la main pour se venger d'une pareille dénomination ; mais saisi tout-à-coup par quatre gendarmes , il va être transféré à l'abbaye. Il obtient de l'officier la permission de changer de linge , il rentre chez lui , saisit deux pistolets , menace la garde et parvient à s'évader.

Repris six mois après, il comparaît devant la cour ; et les débats l'ayant montré comme étant réellement Coignard , forçat évadé des ports de Brest , Rochefort et Toulon , en dernier lieu chef d'une bande de voleurs qui exploitaît la Capitale, il fut condamné à la peine des travaux perpetuels qu'il expie maintenant.

Voici encore un forçat fameux : c'est Petit. Cet homme qui compose à lui seul *le beau idéal* du forçat, ne devrait jamais quitter les bagnes. Il est d'un naturel extrêmement doux ; mais d'une imagination ardente et féconde ; il parle plusieurs langues, et serait un homme précieux, sans l'invincible propension qui le pousse au vol, et les nombreuses évasions qu'il a commises pour s'y livrer.

Sept arrêts l'ont condamné à des peines afflictives et infamantes. Il s'est plusieurs fois évadé et sans la manie funeste dont il est atteint, il eût probablement échappé aux recherches dirigées contre lui. Sa dernière évasion prouve à la fois toutes les ressources de son esprit, les qualités de son cœur et le vice qui le domine.

Un soir il s'éclipse à la surveillance qui l'entoure ; toute la chiourme est en émoi. Tandis qu'on le cherche, Petit grimpant sur un tas de cabestans empilés contre le mur du bureau des armemens, suivi de son compagnon de chaîne, brise les fers dont ils sont chargés, gravit à l'aide d'une planche sur le toit du bureau, arrive à une lucarne, en détache une vitre, fait sauter l'arc boutant, et pénètre dans une salle. Là les deux champions munis de fausses clefs, ouvrent le coffre où les effets des marins morts sont déposés ; ils allument une bougie et sont bientôt affublés du costume qui leur paraît convenable. De là ils entrent dans le cabinet du commissaire, où Petit se délivre ainsi qu'à son camarade une feuille de route de marin licencié. Ils éteignent la lumière et se tapissent derrière la porte d'entrée qu'ils ne purent ouvrir, en attendant que le gardien chargé de l'ouverture, vint leur donner la liberté au point du jour.

Petit fut arrêté à Gap, soupçonné d'être un marin étranger; mais il s'évada de sa prison. Arrêté de nouveau à Lyon, après une enquête sévère, il est reconnu écossais, et élargi. A Abbeville il est de nouveau arrêté comme forçat évadé, il se sauve encore et vole 27 mille francs au receveur général. Il se proposait de vivre paisible avec cette somme lorsqu'une circonstance particulière vint causer sa ruine. Il soupait au cabaret , non loin de l'hôtesse , lorsque le receveur des contribu-tions , accompagné d'huissiers , se présenta dans la maison et fit ven-dre le mobilier de la femme jus-qu'à concurrence de 150 francs qu'elle devait au fisc. Petit sort , suit le receveur , entre chez lui pour changer une pièce de mon-noie, examine d'un coup-d'œil le lieu du dépôt , et se retire. Il retourne pendant la nuit , pénètre dans le bureau , enlève les 150 francs, plus un sac de 500 francs, et porte le tout à la malheureuse hôtesse. Il part comblé de béné-dictions ; mais, ô fragilité des cal-culs humains ! Petit dénoncé , ar-rêté, ramené à Abbeville , est con-damné aux travaux forcés à perpétuité , malgré les clameurs de la populace qui voyait en lui un vengeur de l'infortune opprimée.

Il est inutile d'ajouter que Petit médite sans cesse une évasion , et surtout un vol qui suivant ses expressions , soit suffisant pour pouvoir l'élever au rang d'honnête homme.

Ce forçat fameux est voisin de Gravier , ex-officier payeur des lanciers rouges de la garde impériale. Celui-ci qu'une fatale liaison avec l'agent de police Laydet, entraîna à commettre deux attentats contre la vie de la Duchesse de Berry , en essayant de lui causer une émotion funeste par l'explosion de pétards , lors de la dernière grossesse de cette princesse , appelle sur lui la sollicitude bienveillante de ses chefs par une

résignation et surtout par un repentir qui eussent assuré son par-
don si , comme l'avait annoncé
la gazette de Lyon , la Duchesse
eût passé à Toulon pour se
rendre au sein de sa famille.

Si nous voulions prolonger notre
revue des bagnes , nous traiterions
des intrigues , des petites cotteries
dont les forçats font mouvoir les
ressorts dans le but d'un intérêt
personnel ; mais ce serait retracer
le tableau général de la société.
L'homme est homme partout : il
en conserve les passions dans quelque situation que le sort l'ait placé.

Hôpital du Bagne.

Ce bâtiment dont nos yeux mesurent l'étendue, est appelé Hôpital du Bagne, quoiqu'il ne soit pas consacré entièrement au traitement des nombreuses maladies qui sévissent sur les condamnés. Ses deux façades donnent sur les deux ports. Il fut construit en 1784 et devait servir de magasin pour l'entrepôt des marchandises de l'Inde. Cette destination que semblait d'ailleurs commander sa position littorale, fut bientôt révoquée. On en fit d'abord un magasin à cables ; mais un hôpital devenant indispensable, c'est là qu'il fut établi. Le mas-

sif de ce monument repose sur
d'innombrables pilotis piqués sur
un sol originairement vaseux et
inondé.

L'hôpital du Bagne se compose
de deux pavillons et d'un grand
corps de logis. Le rez-de-chaussée
sert de caserne aux gardes-chiour-
mes ; les forçats malades reçoivent
des secours dans le vaste local du
premier étage. Le premier pavillon renferme la pharmacie, la cui-
sine , le poste des surveillans du
bagne, le bureau du commissaire
etc. Il est rare qu'on parcoure
l'intérieur de l'hôpital ; l'aspect
d'hommes en proie à des maux
physiques associés aux souffrances
morales , a quelque chose de trop
pénible. D'un seul coup-d'œil on
perce ce local étroit et long , formé de trois nefs retrécies , ap-

puyées sur des pilastres épais et solides. A ces masses régulière-ment placées, sont cramponnés les anneaux de fer qui ferment les lourdes chaînes dont l'autre extré-mité entoure la jambe du patient. L'étranger ne peut résister à ce spectacle, mais celui que ses fonc-tions y appelle souvent, ne voit dans le forçat enchaîné, qu'un mal nécessaire dont la surveillance ri-goureuse intéresse le bonheur de la société, qui n'est plus troublée par des élémens de crime et de spoliation.

Le régime alimentaire des forçats malades est d'ailleurs absolument le même que celui des marins du Roi. Mêmes soins, mêmes recher-ches dans les moyens d'adoucir le sort de l'humanité souffrante. Il n'y a ici d'autre différence, hors

celle d'où résulte la garantie qui cap-
tive le malfaiteur dont tous les
efforts tendent à la liberté. Le séjour de l'hôpital est pour un condamné, le seul lieu de repos qu'il
puisse se promettre dans sa situation , et souvent une maladie légère est une bonne fortune pour
le forçat.

En descendant de l'hôpital on
sort par la porte qui conduit au
bassin ; on jette un regard par
l'autre , d'où l'on aperçoit des
vaisseaux désarmés , rangés le long
d'un quai appelé grand rang , par
opposition à celui qu'on voit dans
la darse du port marchand , et
qu'on nomme petit rang.

La caserne des gardes-chiour-
mes qui est une répétition fidèle du local destiné à soigner
les malades , n'offre d'autres titres

à la curiosité , qu'une excessive propreté, beaucoup d'harmonie dans la distribution des lits et des équipemens individuels. On doit aux bienfaits de l'administration moderne , d'avoir la première introduit une discipline réelle dans le corps des agens de surveillance, sorte d'hommes dont la moralité devrait être la plus forte garantie.

En se dirigeant vers le bassin , on aperçoit divers ateliers de forges dans lesquels travaillent plus de cent forçats , ouvriers en fer qui, à raison de leur industrie , reçoivent un faible salaire. La fondation de cet édifice date du 1.er janvier 1821 , et ce fut M. Rocour qui en dirigea la construction.

Nous voici parvenus sur le bord du bassin , ouvrage réputé

admirable et qui a pris rang parmi les mnumens à jamais célèbres de toutes les nations du monde. Millin dans son voyage , et l'encyclopédie de la marine en font le plus bel éloge , surtout sous le rapport des travaux qu'il a exigés , et des difficultés qu'il a fallu vaincre.

C'est une enceinte pratiquée au milieu de la mer. L'ingénieur Croignard parvint à le construire en faisant couler une caisse de trois cents pieds de longueur , quatre-vingt-quatorze de large , et trente-quatre de profondeur , dans l'endroit choisi pour l'emplacement. Et c'est dans cette caisse dont les bords s'élevaient de quatre pieds au-dessus de l'eau que l'on bâtit ensuite comme sur un terrein sec.

En quittant le bassin on se diri-

ge vers la porte d'entrée, en longeant l'hôpital du bagne d'un côté,
tandis que de l'autre on relève
des chantiers secondaires, des piles
de bois, de vieux navires amarrés
au quai, de larges pontons et quelquefois des vaisseaux dont on complète l'armement ; on arrive ainsi
à un pont mobile nommé Pont-
tournant, jeté sur un canal qui
fait communiquer les deux darses.
Avant de le traverser on regarde
une grande quantité de canots tirés
à terre ; c'est là que ces embar-
cations sont construites ou réparées.
De l'autre côté du pont, on laisse
à droite des chantiers de construction, bases solides formées par
d'énormes pièces de bois disposées de manière à offrir la plus
grande résistance aux masses énormes dont on doit les charger.

Elles sont sur un plan incliné afin de faciliter la mise à l'eau des bâtimens. Il est rare qu'elles soient sans emploi et qu'on n'ait pas à examiner la construction de plusieurs vaisseaux ou frégates , chefs-d'œuvre admirables qui arrachent nécessairement un tribut d'éloges au génie de l'homme.

La mise à l'eau d'un navire de premier ordre est un spectacle solennel dont on gratifie la France aux époques marquées par l'anniversaire ou la fête de nos souverains. Selon la grosseur , la fête et le nom qu'on donne au bâtiment , on est assuré d'attirer ce jour-là une foule d'étrangers qui viennent quelquefois de bien loin pour voir ce château sans aîles se mouvoir seul sur la plaine liquide. Qu'on se représente un vaisseau à trois ponts, soutenu sur le plan incliné du chantier par le seul équilibre de ses deux moitiés et glissant avec majesté jusqu'à ce qu'il plonge dans l'eau en présence de trente mille spectateurs qui l'accompagnent de leurs acclamations.

Avant d'arriver à la porte d'entrée de l'arsenal, on nous montre au fond des chantiers de construction, l'atelier de la sculpture. Il a à sa tête le modeste et savant Hubac, dont nous admirons ailleurs les belles productions.

Prolongeons maintenant la magnifique chaussée aboutissant à l'édifice qui s'élève à l'extrémité du port. Nous cotoyerons un canal où des pièces de bois, maintenues par des caisses chargées de pierres, plongées dans une eau paisible se conservent à l'abri des atteintes atmosphériqnes.

Pour nous rendre directement au magasin général nous laisserons à gauche deux ponts jetés sur le canal. Nous les traverserons au retour pour examiner divers objets remarquables tels que l'atelier des boussoles , dirigé par un officier distingué , M. J... , la bibliothèque , les cales couvertes etc.

Parvenus au fond du port , on aperçoit à gauche un vaste bâtiment ; c'est ce qu'on nomme la garniture. C'est l'entrepôt général des voiles et cordages. Mais le magasin général fixe l'attention d'une manière spéciale. En 1793 , lorsque les Anglais pénétrèrent dans Toulon , par suite des événemens politiques , il existait sur le même emplacement une superbe enceinte recelant les nombreux matériaux de la marine royale. Bientôt nos éternels ennemis, forcés d'évacuer la place, conçurent le fatal projet d'incendier l'arsenal. Sir Sidney Smitt, chargé de cette infernale opération, y apporta tout le zèle du génie du mal ; aucun point du port ne fut épargné, le feu fut pourtant allumé, et le magasin général où naturellement se trouvait renfermée une masse considérable de matières combustibles, telles que goudron, huiles, graisses, chanvres, toiles, éclaira surtout la fuite nocturne de ces incendiaires. Il fallut plusieurs jours de travail pour se rendre maître des flammes et ce ne fut qu'en démolissant les pans de murs restés debout, qu'on parvint à étouffer l'incendie sous le poids des décombres amoncelés. L'établissement fut entièrement consumé. Pendant long-temps, le port de Toulon en a été privé ; mais à mesure que le gouvernement acquerait de la stabilité, on sentait de plus en plus la grande nécessité d'une marine forte et imposante. De grands travaux furent ordonnés dans tous les ports : celui de Toulon , en exigeait beaucoup pour la réparation et la reconstruction de tous les édifices; l'emplacement du magasin général fut déblayé et en 1800 on commença par planter des pilotis énormes, pour assurer le terrain sur lequel sont établis les fondations du nouveau magasin. Depuis cette époque les travaux furent suivis avec ardeur et en ce moment, ils touchent à leur terme.

Cet édifice monumental a cent mètres de long et dix-sept de large; il est composé d'un rez-de-chaussée et de trois étages ayant chacun huit mètres de hauteur. Deux rangs de piliers en pierre de taille soutiennent les planchers et les combles formés par des voutes en briques creuses. Il n'est pas entré un morceau de bois dans la construction du bâtiment. La grandeur et la beauté du vestibule , l'aspect du double escalier d'une hardiesse si remarquable qu'on hésite d'y monter , quoique d'une solidité peu commune, l'ensemble de l'édifice, tout frappe l'imagination. Au premier étage l'aspect des salles immenses qu'on découvre , transporte d'admiration. Deux rangées de piliers en divisent l'intérieur en trois nefs. Les nefs latérales sont subdivisées par des cloisons partant du mur et aboutissant aux piliers. Elles forment dix-sept compartimens de quinze à dix-huit pieds carrés, tous formés par des grilles terminées en lances, et présentant le coup-d'œil le plus gracieux. Par l'effet de cette disposition, les différentes marchandises sont exposées aux regards des visiteurs quoique gardées sous clef. Celles qui par leur nature ont besoin d'être renfermées, le sont dans de grands caissons établis de chaque côté de la nef médiane. Les planchers sont percés de grands trous ronds, garnis d'une mécanique qui à l'aide de quatre hommes, permet de monter les plus gros ballots.

Ce monument que les dernières

générations sont appelées à admirer, à été construit pour braver à la fois les siècles et les élémens; il sera toujours considéré comme l'œuvre du grand peuple.

Retournant du fond de l'arsenal à la porte d'entrée, j'aperçus un groupe de voyageurs d'une mine prévenante et jetant de tous côtés des regards vraiment inquisiteurs. Ils étaient guidés dans leur course savante par un employé du port, homme instruit qui leur détaillait scrupuleusement tout ce qui était digne de fixer l'attention de l'observateur. J'abordai le groupe et nous pénétrâmes ensemble dans l'atelier des boussoles. Au nombre des visiteurs, je reconnus aisément un vieux marin en retraite, qui avait été officier de vaisseau sous Louis XVI. Il n'avait plus revu

Toulon depuis l'époque de l'émigration , de sorte que je m'expliquai sans peine la cause de son étonnement à l'aspect de la méthamorphose que le port avait subie depuis une trentaine d'années. Il examina avec dedain les jolis modèles des ornemens dont on embellit les habitacles des bâtimens du Roi ; mais ses paroles bien mieux encore que le jeu de sa physionomie, révélèrent en lui cette espèce d'envie que témoigne souvent la vieillesse pour les découvertes modernes. « De mon temps , » dit-il, en s'adressant à l'officier » qui l'accompagnait, nous ne con- » naissions point ce luxe inutile » et nous allions sur toutes les » mers avec autant de sécurité » qu'aujourd'hui. Je ne vois dans » ces superbes habitacles qu'une

» dépense stérile et des soins de
» conservation dont on pourrait
» se passer. Que m'importe que
» ma boussole soit suspendue au
» sommet d'un temple richement
» orné ? Ai-je besoin d'autre chose
» sinon qu'elle soit fixée avec so-
» lidité et qu'elle m'indique les
» trente-deux vents ?

L'employé du port : « Je suis faché de n'être pas d'accord avec vous ; mais ce qui allait fort bien il y a quarante ans, ne peut plus satisfaire l'époque actuelle. On doit suivre en tout les progrès de l'esprit humain, et cette évidence de principe se manifeste par toute invention moderne. Ainsi une habitacle construite avec goût, avec luxe même, n'empêche pas qu'elle ne soit fidèlement fixée, et qu'elle ne réunisse des avantages qu'on

ignorait en 1790. Voyez les moyens d'éclairage ? Tandis que les
fanaux d'habitacle placés sur le
pont, pouvaient s'éteindre par la
force du vent au milieu d'une
nuit profonde, nous faisons arriver
la lumière à la boussole par le
moyen d'une surface polie qui la
transmet par réflexion. Ce miroir
reflecteur placé à la batterie offre
le triple avantage de ne jamais
s'éteindre , de ne point décéler
dans les ténèbres votre position
à l'ennemi, et d'éclairer une partie du bâtiment, celle précisément
par laquelle l'état major se rend
à la grande chambre ».

Le colloque cessa pour un ins-
tant. Nous fûmes introduit dans
le cabinet du chef de l'atelier des
boussoles , et chacun admira la
variété des instrumens nautiques.

En sortant de là , nous nous trouvâmes en face de ces constructions gigantesques, inconnues naguère dans nos ports, et qui furent entreprises sous l'intendance de M. Lareinty , dont le génie fécond a rempli cet arsenal de vastes et utiles établissemens. Un jeune homme de quatorze ans , que je crus être le petit-fils de l'ancien officier de marine et qu'on destinait à la même carrière, s'informa auprès de l'employé du port , du nom et du but des deux édifices qui frappaient ces regards. Celui-ci répondit : « ses deux monumens s'appellent Cales-couvertes ; c'est sous leur immense toiture que l'on construira les vaisseaux de premier ordre. On a été porté à introduire le système des cales-couvertes pour soustraire les bâtimens

à l'action profonde du soleil bru-
lant en été, et à celle des frimats de l'hiver. Un vaisseau à trois
ponts qu'on met sur le chantier,
exige plusieurs mois de travail
pour être capable d'entrer en armement. Si l'on ne prenait de
grandes précautions, on aurait à
déplorer le mal que les agens
atmosphériques auraient opéré.
Nous n'avons que deux cales-couvertes, mais il est probable que
ce nombre s'accroîtra; maintenant
la chose est impraticable, parce
que le terrain de l'arsenal est
déjà absorbé par les vastes édifices qu'il renferme. Bientôt l'agrandissement de ce terrain donnera
les moyens d'exécuter les travaux
qui nous manquent. Vauban avait
prévu ce qui arrive, car ayant
présenté deux projets sur l'étendue

de l'arsenal , et le plan sur une plus grande surface ayant été rejeté , il annonça qu'on serait forcé d'y revenir plus tard. Son génie avait deviné l'avenir de la marine. Maintenant si vous desirez connaître dans tous ses détails l'importance de ces monumens, parcourons l'enceinte de l'un des deux. C'est sur 83 mètres de longueur et 20 mètres de largeur que le plan est établi. Cette étendue a été calculée de manière que la cale put renfermer le navire sur son chantier, et que les ouvriers fussent libres d'éxécuter les mouvemens des pièces de bois qu'on doit employer.

Le nombre des piliers est de huit pour chaque cale-couverte. La hauteur au-dessous des chapitaux peut avoir sept mètres. L'épaisseur des chapitaux est de soixante centimètres ; enfin la distance qui les sépare n'a guère moins de neuf mètres. Le diamètre de la voûte est de 4 mètres 5o centimètres , l'épaisseur de la frise et de la corniche est de 6o centimètres, et la hauteur totale de la charpente est de onze mètres».

Le pavillon qui renferme l'atelier des boussoles et le tribunal maritime, correspond à un semblable pavillon situé à égale distance du pont qui les sépare. J'entrai dans le dernier avec nos voyageurs. « Nous voici, dit l'employé du port, dans la bibliothèque de la marine. Elle est peu de chose aujourd'hui ; les livres qui la composent sont un reste échappé aux dilapilations du règne de la terreur ; l'administration moderne

l'a cependant enrichie de quelques
bons ouvrages sur la navigation,
les mathématiques, la géographie,
et de quelques voyages des marins
célèbres. »

Pendant que je mesurais des
yeux les rayons de la bibliothèque,
j'entendis la voix du jeune néo-
phite dans l'art naval, demander
à son grand-papa l'usage des sphè-
res diverses qu'on voyait sur la
table. Celui-ci lui en expliqua l'u-
tilité d'une manière vraiment savante ; mais il fut contraint de s'ar-
rêter en présence d'une sphère
céleste représentant les différents
mondes que les hommes ont pu
étudier à l'aide des instrumens.
Ces mondes, ou mieux ces planètes
placées d'après leur position calculée, tenaient à un axe commun
qu'il fallait toucher pour les mettre

en mouvement. L'employé du port vint au secours du bon papa et surtout du jeune-homme impatient de saisir le mécanisme de tant d'objets divers. « Voilà , dit-il , l'uranoscope de Tombini : je tourne une clef et le mécanisme en mouvement vous représente en une période de temps marquée, les révolutions des planètes autour du soleil. » Après l'examen de l'uranoscope, on étala sous les yeux du jeune adepte, des atlas maritimes , des gravures , des plans de vaisseaux etc.

En sortant de la bibliothèque , le groupe curieux pénétra dans un appartement voisin , où le conservateur de l'établissement montra divers petits modèles de vaisseaux et frégates d'une exactitude rigoureuse ; c'est un chef-d'œuvre de patience et de goût. La frégate destinée à être offerte à la Duchesse d'Angoulême, fixa long-temps l'attention générale, surtout celle du vieil officier qui s'écria en s'adressant à son petit-fils ; « Voilà le seul ornement dont un marin doit embellir sa chambre à coucher.

En sortant de la bibliothèque nous passâmes devant la seconde cale, récemment achevée, et nous fûmes en présence d'un vaste magasin où sont déposés les mats des divers bâtimens. Le jeune homme, à l'aspect de ces mats, laissa échapper une exclamation qui mérite d'être citée. « Deux choses, dit-il, confondent ici mon intelligence : premièrement la prévoyance du ciel qui a fait croître en ligne droite le pin des forêts ; en second lieu la puissance humaine qui les

a fait servir aux admirables constructions navales.

Lorsque nous eûmes traversé
le second pont jeté sur l'étroit
canal qui longe le terrain sur
lequel sont les établissemens pré-
cités , l'employé du port tint le
langage suivant : Vous voyez devant vous le bâtiment de l'horloge ,
ainsi appelé à cause de sa destination et parce que la tour qui
le domine porte la cloche destinée à régler les heures du travail
dans l'arsenal. Cette tour est elle-mê-
me dominée par un sémaphore
qui correspond à un autre situé
sur le sommet du cap Latouche.

Le rez-de-chaussée de ce bâtiment contient divers ateliers : là
est la chaudronnerie , plus loin
la ferblanterie , ici les grandes forges qui méritent quelque attention

pour l'examen d'un tour dont la roue est maintenant mise en mouvement par trois hommes. Voici la clouterie ; en tournant le pavillon nous arriverons devant le corps de logis où sont placés les bureaux de l'administration. Enfin nous voilà parvenus à ce qu'on nomme salle des modèles, édifice qui renferme une foule d'objets dignes de l'admiration générale. C'est un véritable musée maritime où sont réunis en miniature, dans les proportions les plus exactes, les modèles de tout ce que le port renferme de grandiose et d'utile. C'est la pièce curieuse de l'examen que vous venez de faire, ou comme on dit vulgairement, c'est le bouquet du conducteur. Le gardien de cet établissement est seul capable de vous en developper les détails, et il s'en acquitte avec obligeance : vous me permettrez de lui laisser le soin de remplir son office.

On nous introduisit dans une salle de sculpture , où plusieurs artistes , armés du ciseau créateur , cherchaient à tirer d'un tronc d'arbre ou d'un bloc quelconque , les figures et les ornemens dont on décore les frontons des bâtimens du Roi. Une porte s'ouvre devant nous , le conservateur du musée nous invite à entrer, et nos regards éblouis par la multitude de statues , de sculptures , de modèles dont nous sommes entourés , n'osent se fixer sur aucun objet en particulier , afin de conserver plus long-temps l'impression majestueuse que produit la beauté de l'ensemble.

Le cicéroné du musée prit la parole avec un ton d'inspiré et s'adressant plus spécialement à l'ancien officier de la marine , il débuta par les sublimes idées que l'infatigable et savant Dupin a tracées sur l'établissement.

« Tous les arts de la marine ont déposé leur tribut au musée ; cet établissement peut être considéré comme le dépôt des types ou modèles , soit de leurs matières premières , soit de leurs instrumens , de leurs outils et de leurs machines , soit de leurs produits. M. Dupin appelle l'ensemble des collections relatives à ces divers arts ; *une encyclopédie de marine en relief.*

« Le musée maritime possède des statues et des bas-reliefs très-précieux parce qu'ils sont de la main ou de la composition du célèbre Puget, et parce qu'ils ont décoré les galères qui concoururent aux batailles immortelles où Duquesne vainquit Ruyter et les Espagnols près des côtes de la Sicile.

« D'autres sculptures non moins précieuses par leur exécution se recommandent d'elles-mêmes à l'attention des gens éclairés ; quatre statues représentant quatre travaux d'hercule , des termes représentant des caryatides, un aigle, une tête de belier , sont de ce nombre.

« Le musée n'offre pas seulement l'image complète de ce qui se fait aujourd'hui , il reproduit encore une idée de ce qui se faisait autrefois. Ces modèles , noble héritage du temps qui n'est plus et de celui qui s'écoule , classés

dans un ordre méthodique et lu-
mineux, permettent aux marins et
aux savans de suivre avec fruit
le fil des progrès de l'art.

« On a classé les matériaux que
vous voyez en trois séries géné-
rales, 1.º les modèles des bâtimens,
2.º ceux des machines, 3.º les
objets divers. Nous possédons en
outre des figures en ronde bosse
et des bas-reliefs qui concourent
en grand à la décoration de la
salle. »

Le cicéroné du musée nous expliqua ensuite et successivement les
nombreux articles dont l'établissement est le dépôt, et il ajouta :
« Les bas-reliefs que nous possédons, ont été exhumés d'une in-
digne poussière par les soins de
M. l'ingénieur Dupin. Quand on
les eut restaurés, qu'on leur eut

donné l'ombre de leur première splendeur, ce savant acheva son ouvrage, en exposant dans un écrit plein de verve, l'historique de leurs nombreux détails. Cet opuscule mérite de fixer l'attention des vrais observateurs.

Cet éloge de M. Dupin n'avait rien que de juste. Les talens supérieurs de ce célèbre écrivain sont tous dignes des mêmes louanges, et ses nombreux travaux lui assurent une place distinguée parmi nos grands hommes.

Avant de quitter l'enceinte qui semble être devenue le temple du génie qui créa le Milon de Crotone, rendons hommage au modeste et savant artiste qui tient maintenant sa place. Plusieurs ouvrages de cet habile successeur du Puget, sont dignes d'admiration. Nous citerons surtout le buste du Roi de France qui le premier proclama *la Charte* fille de la liberté. Ce Buste plein de vie et de sentiment transmettra à la postérité les traits du roi législateur et le souvenir du ciseau qui les anima.

Nous terminerons ici la description d'un arsenal dont le nom est devenu fameux dans les fastes de la marine européenne. C'est au génie des hommes qui illustrèrent le dix-septième siècle qu'appartient l'honneur d'avoir calculé les avantages que notre pays pouvait retirer de la position de Toulon. Ce port n'était qu'une plage fermée par une panne, dans laquelle étaient mouillés les galères et autres petits bâtimens employés au commerce ou au service de l'état.

Vauban présenta au conseil de Louis XIV le plan général du port militaire et du port marchand. Une darse de 210 toises de long sur 155 de large fut destinée à ce dernier , celle du premier fut portée à 260 toises de long sur 195 de large. c'est dans cette étendue de terrain qu'on distribua les fondations des magasins, des chantiers de construction , des ateliers , en un mot de tous les établissemens nécessaires à un arsenal de la marine. L'une et l'autre darse durent être fermées d'un rempart : chacune devait avoir une issue pour la sortie de ses bâtimens ; une chaussée de 120 toises de long devait les séparer du sud au nord et une panne ou chaîne devait les séparer entre elles.

Quoique depuis 1620 il existe des traces qni indiquent que le gouvernement entretenait une marine militaire au port de Toulon, ce n'est guère que de 1662 qu'on peut compter sa création. A cette époque seulement, on trouve l'organisation d'un corps militaire et le commandement de deux escadres composées chacune de trois vaisseaux donnés à M. le Chevalier Paul, pour aller chasser les corsaires barbaresques qui infestaient la côte.

Dans le cours des dix-sept années qui suivirent cette première époque, la marine de ce port s'accrut considérablement ; et en 1679, on y comptait indépendamment de 40 vaisseaux, une

grande quantité de flûtes , de bru-
lots et autres bâtimens légers.
C'est dans le cours de cette année
que furent jetés les fondemens
des remparts servant d'enceinte à
l'arsenal , et que l'on creusa les
canaux de la nouvelle darse.

Ces divers ouvrages furent ter-
minés en 1684 ; alors on s'occupa
de l'édification du magasin général , des magasins particuliers , de
la corderie et de six chantiers
de construction ; on fixa l'emplacement du parc d'artillerie ;
celui des bâtimens qui servent
de bagne, des forges ; les canaux
formés par l'île de la mature et
le quai de la corderie, furent con-
sacrés à la submersion des bois
de mature ; enfin la place de l'a-
marrage des vaisseaux désarmés

fut marquée sur le littoral Est et Ouest de la vieille darse.

Avec tous ces établissemens, le port de Toulon avait acquis le plus haut degré de perfection dont il était susceptible à cette époque ; il lui manquait néanmoins une boulangerie et des magasins propres à renfermer les vivres de la marine. En 1701 on jeta les fondemens de la première au déhors de la ville et l'on afferma, pour l'établissement des subsistances, les maisons situées au bord du quai, vers l'Est. En 1769 l'Arsenal devenant resserré, il fut agrandi de tout l'emplacement sur lequel on a construit le grand hangar en bois.

En 1774 l'ingénieur Croignard donna le plan du bassin dont l'éxécution fut terminée en

1780. Que de sujets d'admiration eussent encore embelli l'enceinte que nous venons de parcourir sans la fatale journée du 28 août 1793. Quel pinceau rendra jamais l'épouvantable incendie qui ruina l'héritage du grand siècle ! Qui tracera les scènes d'horreur dont il fut suivi !

Le magasin général brûlé, le hangar de la mature avec les trois quarts des mats principaux consumés, les autres établissemens détruits ou spoliés ; le port hérissé de carcasses de vaisseaux incendiés ; la chiourme déchaînée ne sont que l'ombre de l'effrayant tableau, offert au génie des grands maîtres.

Au milieu de cette anarchie, l'idée de l'agrandissement de l'arsenal était *l'objet de toutes les*

sollicitudes , et le projet que Vauban avait proposé fut mis en
exécution par un représentant du
peuple qui arrêta la démolition
de la rue Bourbon jusqu'à la rue
Neuve, pour agrandir l'emplacement de l'arsenal.

La paix des tombeaux qui suc-
céda à cette sanglante époque, an-
nula le projet à peine entrepris,
et l'on s'occupa de réparer ce que
le funeste génie du mal avait
conçu pour assurer notre perte.

PROMENADE

A

HIÈRES

ET

Le lendemain de notre promenade
à Faron , nous allons visiter les
jardins si renommés d'Hières.
Cette ville est comme un lieu
de pélérinage pour quiconque est
venu respirer l'air de la Provence.
Nous sortons par la porte d'Italie
et laissons à notre gauche le
Champ-de-Mars , séparé du cime-

tière par la grande route. Une
pièce de cent sous nous assure
pour la journée une voiture :
on part ; la route est belle, fré-
quentée, embellie de bastides pit-
toresquement situées. Parmi les
nombreux équipages qui souvent
empêchent de circuler, nous dis-
tinguons celui de M. G. Stulz, anglais renommé dans le territoire par
son esprit et ses dépenses somp-
tueuses.

Nous voyons sur notre route les
toits des villages de la Garde, de
Solliès ; bientôt on touche à la
pièce de toile, partie du chemin
ainsi nommée à cause de sa rec-
titude et de sa blancheur, bordée
de ruisseaux et de bastides qui
animent et changent rapidement la
scène.

Des nappes d'eau divergeantes,

des orangers , des cédrats , quelques touffes de palmiers éparses , annoncent évidemment que nous touchons au terme de notre voyage.

La ville d'Hières est bâtie en grande partie sur le penchant d'une montagne , dessinée en amphithéâtre. Honoré Bouche pense comme Strabon , Méla et Ptolémée sur l'antiquité de cette ville. Ces géographes disent qu'elle n'est autre que l'ancienne Olbie qui , perdant son nom grec d'heureuse et de riche , en trouva un équivalent dans celui d'Hieros (1) , qui veut dire sa-

(1) M. Danville nous dit dans sa géographie ancienne , que la ville d'Hières porte le nom d'un lieu situé sur le continent.

D'après un ancien manuscrit , Olbia appelée Hières aujourd'hui , est le nom du père de Galatus qui fit réédifier la ville en 1248

cré. Papon présume qu'Hières ne date pas au-delà du 6.ᵉ ou 7.ᵉ siècle , et dit qu'elle fut bâtie quand l'Olbia des marseillais située du côté de l'Eoube , eut été détruite par des pirates sarrazins.

Mais abandonnons cette discussion aux érudits, pour nous occuper de la ville d'aujourd'hui. L'intérieur de cette ville n'a rien de séduisant ; les maisons en sont lourdes , les rues sales , étroites et mal pavées. L'ancienne ville n'est presque plus habitée ; mais comme, selon M. Azaïs , il faut une compensation , les habitans actuels , moins indifférens sur leurs plus chers intérêts , bâtissent de nou-

---

et l'appela du nom de son père.
(*Note de l'Éditeur.*)

velles maisons d'un goût moderne.
On y remarque déjà des hôtels et
des maisons de toute beauté. L'hô-
tel des Ambassadeurs, tenu par Fé-
lix Suzanne, est vaste, aéré et offre
toutes les commodités désirables ;
aussi est-il fréquenté par les voyageurs les plus remarquables.

Des hommes industriels manquent au pays , il en faudrait avec
des moyens pour pouvoir bâtir
et créer des établissemens. La po-
pulation est de 5,5oo habitans ,
intrà muros. Cette ville n'a vérita-
blement d'importance que par la
douceur de son climat et les nombreux orangers plantés en pleine
terre.

On remarqne principalement les
deux jardins de MM. Fille et
Beauregard. Le premier rapportait

à son propriétaire plus de 40,000 f.
de rentes avant l'hiver de 1820.

On croit que la culture de l'oranger date ici de temps immémo-
rial , car Gaufrédy , dans son histoire de l'ancienne Provence , dit
que Charles IX fit un voyage à
Hières , afin d'y admirer l'énormité
de divers orangers. « Charles et
» les gens de sa cour au nom-
» bre de huit , ajoute l'écrivain ,
» voulant connaître la circonférence
» du plus gros , eurent beaucoup
» de peine à l'embrasser ensemble ».
Cela suppose un diamètre de douze
à quinze pieds. Je ne crois point
à cette énorme grosseur , l'histo-
rien a probablement voulu parler
de la circonférence du feuillage.

Il assure qu'un oranger produi-
sait alors jusqu'à dix mille fruits,
dont plusieurs étaient du poids de

trente onces , et il prétend qu'on cultivait à cette époque à Hières, la canne à sucre et le poivrier que Fréderic II y fit porter en 1230. Ce prince joignait la souveraineté d'Hières à celle du royaume de Palerme. Hières est célèbre pour avoir donné le jour à Massillon, si fameux par son petit Carême, ses vertus et cette apostrophe du grand roi : « mon père ,
» j'ai entendu plusieurs grands ora-
» teurs dans ma chapelle ; j'en ai
» été fort content : pour vous ,
» toutes les fois que je vous en-
» tends, je suis très-mécontent de
» moi-même. »

Et Massillon , l'honneur de sa patrie , n'a pour souvenir qu'une petite inscription , placée par une main étrangère au coin d'une chambre de la bicoque où il naquit.

Les Hièrois n'ont pas su même s'associer à la France, pour élever un monument au pieux abbé qui donna des remords à ce monarque qui disait : *l'état c'est moi !* (1)

L'air d'Hières est très-pur et très-salubre surtout depuis que deux Italiens ont, à force d'instances, obtenu l'autorisation de dessécher à leurs frais, les marais qui avoisinaient cette ville , et y repandaient annuellement des fièvres meurtrières ; la rivière de Gapeau

---

(1) Si les Hièrois élevaient un monument à la mémoire du grand Massillon, ils y gagneraient sous plusieurs rapports, et beaucoup d'étrangers y seraient attirés pour voir l'image de cet orateur célèbre.

(Note de l'Éditeur.)

y porte une eau limpide qui bientôt se jette dans la mer, et semble donner au vallon la douce
température d'un printemps conti-
nuel.

C'est particulièrement dans le
beau jardin de M. Fille (1) que

----

(1) Ce jardin est parfaitement bien entretenu, les amateurs de botanique n'ap-
prendront pas sans intérêt que la direction
en est confiée à M. Victor Rantonnet, cul-
tivateur botaniste. On trouve chez lui un
assortiment complet de graines tant indigènes des îles d'Hières qu'exotiques, étique-
tées d'après les véritables noms botaniques.
Il vend aussi toutes sortes de plantes de
serres chaudes et tempérées, orangers en
pleines terres, plantes vivaces pour ornement de jardins, arbrisseaux, arbustes ;
le même s'offre de faire connaître aux amateurs toutes les plantes indigènes des environs d'Hières ; il fait beaucoup d'envois
en France et à l'étranger.

l'on se croit transporté chez les fabuleuses Hespérides. Ce digne agronôme qui venait de descendre dans la tombe , laissant après lui de nombreux regrets , soignait lui-même les fleurs dans l'admirable parterre qui borde le manoir élégant mais simple où s'écoula sa vie.

Enivré des parfums de ce jardin où mille fleurs se disputent le soin d'embaumer l'air , on passe dans les bosquets d'orangers. Le doux chant des oiseaux , mélodieux habitans de ce bocage , la suavité des odeurs répandues dans l'atmosphère , le charme d'une verdure attrayante relevée par la blancheur éblouissante des fleurs , et le brillant éclat des fruits dorés , tout enchaîne la pensée et jette dans une aimable rêverie. J'oubliais le

terrestre séjour et me croyais tout-
à-coup transporté dans l'Elysée ,
lorsque je lus ces vers sur le tronc
d'un antique oranger.

» Oranger , dont la voûte épaisse
» Servit à cacher nos amours ,
» Reçois et conserve toujours
» Ces vers enfans de ma tendresse ,
» Et dis à ceux qu'un doux loisir
» Amènera sous ton ombrage ,
» Que si l'on mourait de plaisir ,
» Je serais mort sous ton feuillage.

Rappelé à mes idées , je par-
courus le bosquet avec plus de
stoïcisme ; je reconnus que trente
mille arbres ornés de tout l'appareil
d'une végétation continuelle, et d'innombrables oiseaux qui semblent

adresser une hymne à la nature, peuplent cet heureux et charmant séjour. L'eau y tombe en cascade de la montagne et se distribue par de petits canaux en formant par son murmure un doux concert avec les hôtes ailés qui jouent sous le feuillage.

Le faubourg d'Hières est le quartier le plus propre, et celui que préfèrent les étrangers. La plupart des maisons nouvelles y commandent la perspective de la vallée et de la mer.

Avant de saluer les Hespérides de la France, je veux, me dit le bon Ermite, vous proposer une promenade jusqu'aux Salins, situés sur le littoral à un quart d'heure de la ville.

On y arrive par un chemin bien entretenu et agréable, à travers

une plaine qu'embellit une verdo-
yante prairie arrosée par la rivière
de Gapeau.

Le sel qu'on y récolte s'obtient
au moyen de l'eau de la mer,
qu'on introduit successivement dans
une infinité de bassins, et qu'on
expose par ce moyen à l'évapora-
tion. Lorsqu'après un certain temps
l'action du soleil et du vent a fait
évaporer toutes les parties aqueu-
ses, les parties salines se cristalli-
sent dans de plus petits bassins.

La levée du sel fournit un spectacle intéressant et curieux; 5 à 600
ouvriers, hommes et femmes, sont
occupés à entasser des morçeaux
de sel blanc comme de la neige,
à le transporter et en former de
grands tas, qui servent de magasins. On se croirait au milieu des

montagnes couvertes de neige, si
l'ardeur du soleil méridional ne
venait vous désiller les yeux. Ces
salins approvisionnent toutes les
années un grand nombre de navires du nord, qui y sont attirés
par la beauté de sa rade , la sécurité du mouillage et sa qualité
du sel qui est généralement esti-
mé et reconnu le meilleur.

LES

Jardins d'Hières

Episode extrait des quatre saisons en Provence , (chant de l'automne), par M. Demore , principal du collége de Toulon , des académies de Lyon et de Marseille.

Mais l'automne expire en nos champs ,
Et de sa couronne effeuillée ,
La dernière fleur envolée
Fuit sur l'aile des noirs autans.
L'hiver , tyran sombre et farouche ,
Reprend son pouvoir odieux ,
Le souffle glacé de sa bouche
Exhale la mort en tous lieux.
L'œil vainement dans la nature
Cherchant un reste de verdure
N'y voit que tristesse et qu'horreur.

Les vents entre eux se font la guerre ;
Les eaux du ciel avec fureur
tombent et surmergent la terre ;
La grêle avec bruit bat ses flancs ;
Du soleil les feux languissans
Lui lancent des clartés funèbres ;
Et sous les épaisses ténèbres
La nuit la retient plus long-temps.
O vous dont l'âme simple et pure
Avec transport chérit les champs,
Qui de l'automne et du printemps
Regrettez l'aimable parure,
De ma muse suivez les pas ;
Venez, amis de la nature,
Revoir au milieu des frimats,
Les fleurs, les fruits et la verdure.
C'est non loin de ces tristes lieux,
Dans les riants jardins d'Olbie,
Que ce prodige attend vos yeux.
Là par la main de la féerie
Un mont élevé jusqu'aux cieux,
Contre l'aquilon en furie
Protége un sol aimé des Dieux,
De Flore éternelle patrie.
Là, quand des nœuds bienfaisans,
La paix, mère de l'abondance,

De l'Angleterre et de la France
Unit les belliqueux enfans ;
Loin des brouillards de la **Tamise**,
De son ciel froid et nébuleux,
Le lord pesant et vaporeux
Accourt jouir avec surprise
D'un soleil toujours radieux,
De jours et de nuits sans froidure,
Des ruisseaux en toutes saisons
Roulant une onde libre et pure,
Et de champs qu'au lieu de glaçons
Couvre une immortelle verdure.
Là sous des berceaux enchanteurs,
Où se mêlent de la cassie,
Du jasmin, don de l'Ibérie,
Les parfums, les riches couleurs ;
A sa noire mélancolie
Succède (effet prompt et puissant
D'un air pur, d'un climat riant)
Une agréable rêverie,
Vers ces bosquets tournons nos pas
Et qu'avec lui notre œil admire,
Près de l'orange et du poncire
L'or des citrons et des cédrats,
Qui sur les branches affaissées
Brillant dans un ordre confus,

Offrent à nos mains empressées
Leurs divers trésors confondus !
Lorsqu'ailleurs la triste Cybèle
Le front pâle, l'œil abattu,
Découvre un sein stérile et nu,
Ici d'une moisson nouvelle
L'heureux habitant s'enrichit.
Pomone en ses jardins l'appelle ;
Il vole, une troupe le suit ;
De cris joyeux l'air retentit.
L'oranger, trésor de ses rives,
De toute part est entouré ; -
De toute part des mains actives
Lui dérobent son fruit doré.
Sous le poids les paniers gémissent ;
A peine en un vaste dépôt
Les a-t-on vidés, qu'aussitôt
De nouveaux globes les remplissent.
Bientôt, roulés chacun à part
Dans une enveloppe légère,
On les entasse, on les resserre
Entre quatre ais joints avec art.
Alors loin de l'heureuse Olbie,
Sous le ciel brumeux de Paris
Cité dès long-tems enrichie
Des dons du sol, de l'industrie,

Des talens de tous les pays,
Uu lourd et pesant attelage
Porte aux modernes Lucullus,
Ces pommes d'or, riants tributs
D'un plus beau, d'un plus doux rivage.

A mon retour, je m'arrêtai au village de la Valette, à une lieue de Toulon. Ce village est fameux dans la gastronomie provençale par le parfum de ses fraises. On nous y montra le noyer merveilleux qui, dit-on, demeure sans végétation jusqu'à la veille de la St Jean, et le jour de la fête se trouve paré de la plus riche verdure. Je laisse de côté les contes dont cet arbre est le sujet, pour terminer ma description de la Valette par celle qu'en donne M. de Jouy dans son Ermite en Province.

« Le village de la Valette est assez bien bâti, dit le spirituel auteur ; on l'appelle la guinguette de Toulon ; guinguette d'ailleurs assez sale, ce qui n'empêche pas la foule d'y accourir et d'y danser au son du fifre et du tambourin, avec une gaîté communicative qui invite les spectateurs à devenir acteurs dans ces folâtres farandoles. Le costume des paysannes présente dans son uniformité quelque chose de charmant et de leste qui n'est pas sans attrait, un chapeau de paille noire, bordé d'un ruban de même couleur, posé de côté sur une coiffe attachée sous le menton ; un canezou de la couleur de la robe, dégageant bien la taille ; des manches retroussées et recouvertes par celles de la chemise, garnies de mousseline ; un fichu placé tout exprès pour orner et non pour cacher une gorge ordinairement fort belle ; des yeux noirs et vifs, et des mines friponnes ; telles sont les paysannes des environs de Toulon. Elles abondent à la Valette ; et cela explique la prédilection des Toulonnais pour ce village. Nous y sommes restés long-temps ; en revenant nous avons trouvé la route couverte de ci-tadins qui regagnaient la ville avec leurs familles. C'est un spectacle vraiment antique et patriarchal que celui de tous ces pères de famille qui , joyeux et chantant, reviennent traînant leurs enfans accrochés aux basques de leurs habits , tandis que la servante en tient d'autres par la main , et la femme montée sur un âne , porte les plus petits dans ses bras et sou-vent pendus à son sein. Ils ont mangé la salade et les oignons ; mais le frugal repas a été fait à la *Bijude* , en plein air , loin des remparts , dans la liberté et l'indé-pendance des champs, et la famille rentre contente en songeant au plaisir du lendemain. »

« L'homme n'est point né pour l'esclavage, il se passionne pour la liberté, et même pour tout ce qui ressemble à la liberté. Ce sentiment, ce besoin de sortir de prison peut seul expliquer le goût Toulonnais pour la promenade appelée la lice, où ils viennent le soir respirer moins l'air que la poussière. Cette promenade est un terrain nu, battu par les promeneurs et qui n'a d'autre agrément que d'être entre les remparts et la campagne de Toulon, assez mal parée par la seule verdure des oliviers. Nous sommes rentrés à notre auberge, fort las, mais comme les familles Toulonnaises fort contens de notre journée. »

Comme nous l'avons déjà dit,

M. de Jouy qui charme toujours par la description de ce qu'il voit, n'est pas toujours fidèle lorsqu'il écrit dans son cabinet. Le portrait qu'il a fait des jeunes Vallettingues est tout-à-fait controuvé, on pourrait lui opposer presque tout le contraire de ce qu'il dit sur ces joyeuses provençales et l'on aurait offert un tableau identique avec le modèle.

Nous revînmes trouver notre bonne dame Berthier, en attendant que le retour du jour nous permit de faire notre dernière promenade à l'arsenal.